Inhalt

Abocard - Die Kundenkarte der Tageszeitung bringt Bares

Kernthesen

Beitrag

Fallbeispiele

Weiterführende Literatur

Impressum

GENIOS WirtschaftsWissen Nr. 04/2006 vom 03.04.2006

Abocard - Die Kundenkarte der Tageszeitung bringt Bares

E.Krug

Kernthesen

- Bei den regionalen Tageszeitungen stehen zurzeit Rabattkarten mit Chips oder Magnetstreifen, so genannte Abocards, hoch im Kurs, da sie sich positiv auf den Kundenbindungsprozess auswirken. (1)
- Neben dem Zeitungsverlag haben sowohl die Abonnenten, als auch die Anzeigenkunden, sprich Händler oder Dienstleister, ihre Vorteile von den Abocards. (2), (3)

- Die Tendenz, Abocards einzusetzen ist steigend, dabei wird die Anzahl der Anbieter zunehmen und das System ausgeklügelter werden. (1), (2)

Beitrag

Kundenkärtchen für Zeitungs-Abonnenten, die diverse Vergünstigungen mit sich bringen, gibt es schon lange. Die Abocard, die heute aktuell ist und bei rund 30 regionalen Tageszeitungen eingesetzt wird, unterscheidet sich von den ursprünglichen Karten durch einen Chip oder Magnetstreifen, der im Endeffekt bares Geld für den Abonnenten bedeutet. Das Kartensystem, wie es von dem Bayreuther Unternehmen Concept Card angeboten wird, steht eigentlich erst vor dem Durchbruch. (1), (2)

Kundenbindung per Abocard Wie funktioniert das System?

Die Abocard hat, wie andere Kundenkarten auch, das beliebte Scheckkartenformat. Die regionalen Zeitungsverlage schicken die Karte meist per Post an die Abonnenten, welche sie dann freischalten lassen. Oft gibt es die Einschränkung, dass Leser mit befristeten Abonnements die Karte nicht bekommen. Die Besitzer einer Abocard können mit dieser sofort auf Rabattjagd gehen, sprich sie erhalten bei jedem Einkauf einen festgelegten Bonus. Die Karte wird an der Kasse eingelesen und ab einer Summe von zehn Euro wird das Geld monatlich vom Verlag auf das Girokonto des Käufers überwiesen. Die Abonnenten erhalten regelmäßig eine Abrechnung, auf der alle Rabatte aufgeführt sind. Der Datenschutz ist dabei gewährleistet.

Die teilnehmenden Partnerunternehmen, in der Regel Händler und Dienstleister aus der Region, sind meist Anzeigenkunden der Tageszeitung. Für die Partner entstehen erst in dem Moment Kosten, wenn Kunden die Karte benützen. Dann erhält der Verlag eine Provision. (3), (4), (5), (6), (7)

Marketingmaßnahmen per Abocard Welche Vorteile verbergen sich hinter dem System?

Die Abocard scheint eine erfreuliche Idee zu verkörpern, da sie offensichtlich für alle Beteiligten Vorteile mit sich bringt.

An erster Stelle steht dabei der Verlag, der mit dieser

intelligenten Kundenkarte seine Leser enger an sich binden möchte, was in der Praxis offenbar auch gelingt (vgl. Cases). Zudem spart er dabei Marketingkosten, weil er neue Abonnenten nicht mit teuren Geschenken anwerben muss, sondern diesen die weitaus kostengünstigere Abo-Karte bieten kann. Ein interessanter Weg zur Kundengewinnung und darüber hinaus zur Kundenbindung, da langjährige Abonnenten diese Karte ebenfalls bekommen. (1), (2), (3), (4)

Die Abonnenten profitieren von der Karte, weil sie die Rabatte in bar erhalten und in vielen regionalen Geschäften die Karte ausnützen können. Außerdem müssen sie nicht erst ewig Punkte sammeln, um sie dann umständlich für ein Geschenk einzulösen, was sie vielleicht gar nicht unbedingt wollen. Ein netter Nebeneffekt sind kleine oder manchmal auch größere Gewinnspiele, an denen die AbocardBesitzer automatisch teilnehmen. (1), (2), (3), (4), (8)

Last but not least sind auch die an das System angeschlossenen Anzeigenkunden der jeweiligen Tageszeitung Nutznießer dieses Rabattsystems. Oft können sich kleine oder mittelgroße Unternehmen kein eigenes Kartensystem leisten, da das mit zu hohen Kosten verbunden ist. Im Fall der Abocard halten sich die Kosten in Grenzen, da die Kundenkarte nur durch das bereits vorhandene EC-Cash-Gerät gezogen werden muss und somit kein Investitionsrisiko besteht. (1), (2), (3), (4)

Marketingvorteil durch Abocard - Es ist nicht alles nur Gold, was glänzt!

Der Marketingvorteil durch diese Art der Kundenkarte ist nicht von der Hand zu weisen. So wird das Direktmarketing unterstützt, da durch die Concept Card Informationen über das Kaufverhalten der Abonnenten gewonnen werden können, die zum einem dem Verlag für eigenen Nebengeschäfte dienlich sein, zum anderen bei der Beratung der Anzeigenkunden eingesetzt werden können. (2) Das könnte auf der anderen Seite aber Ablehnung bei den Abonnenten hervorrufen, die Bedenken wegen der Datenspeicherung und -auswertung zeigen. Auch zögern doch noch einige Verlage, ein derartiges System einzuführen, da die Umsetzung, allein durch die Beschaffung der Karten, Kosten verursacht, die sich nicht jeder Verlag leisten kann oder mag. Ein Problem könnte es auch sein, dass bisherige Anzeigenkunden in Zukunft auf ihre Anzeigen in der Tageszeitung verzichten könnten und diese Einnahmequelle für den Verlag versiegen würde. Ein weiterer Knackpunkt könnte auch entstehen, wenn es vor Ort mehr als eine Regionalzeitung gibt und dabei ein Gerangel um potenzielle Card-Partner entfacht wird. (1), (2)

Fallbeispiele

Beispiele für Tageszeitungen, die Abocards erfolgreich einsetzen

Lübecker Nachrichten (LN)LN-Card seit Oktober 2004
Rund 60 000 Abonnenten, davon haben 45 Prozent die Karte beantragt
Card-Partner: 800 Händler und Dienstleister
Erfolg: Seit Einführung der Karte ist die Abbestellerquote um einen zweistelligen Prozentsatz gesunken. (1), (3)

Mannheimer Morgen (MM)
Morgencard seit November 2004
Erfolg: In den ersten neun Monaten seit Einführung der Morgencard ist die Zahl der Nettokündigungen um 12,7 Prozent gegenüber dem gleichen Vorjahreszeitraum gesunken (über alle beteiligten Titel der Haas-Gruppe). (1), (3)

Nordbayerischer Kurier
Kurier-Card seit 2003
Auflage: 40 400
Erfolg: Die Zahl der Abbestellungen ist bis zu 18 Prozent gesunken, die Abo-Auflage hat sich stabilisiert. (1), (9)

Beispiel für Entscheidung gegen das Concept-Card-Modell

Passauer Neue PresseGrund: Der Aufwand im Vergleich zum Kundenbindungsprozess erschien dem Management im Endeffekt unter Berücksichtigung aller Kosten zu hoch
Alternative: Geomarketing-System, um mit vorhandenen Daten zielgruppenspezifische und regional angepasste Angebote für Kunden und potenzielle Neukunden auszuarbeiten. (2)

Beispiel für Gewinnspiele der Abocard

Allgemeine Zeitung MainzEnde 2005 haben 222

Besitzer einer Abo-Plus-Card den Besuch eines Ereignisses aus dem Mainzer Kulturleben gewonnen. (10)

Kölner Stadtanzeiger
Bei der Freischaltung seiner ABO CARD bis zum 26. Mai 2006 werden dem Abonnenten des Kölner Stadtanzeigers die Möglichkeit eingeräumt, neben anderen Gewinnen auch eine Kreuzfahrt durch das Mittelmeer zu gewinnen. (7)

Weiterführende Literatur

(1) Leser auf Schnäppchenjagd
aus werben & verkaufen Nr. 08 vom 23.02.2006 Seite 044

(2) Leserbindung per Abocard
aus HORIZONT 02 vom 12.01.2006 Seite 035

(3) Poker um Abonnenten
aus HORIZONT 41 vom 13.10.2005 Seite 097

(4) O.V., ABOplus-Card findet bei Händlern großen Anklang, Wiesbadener Kurier, Main-Taunus-Kurier, 26.11.2005
aus HORIZONT 41 vom 13.10.2005 Seite 097

(5) O.V., Abocard bringt Bargeld, Kölner Stadtanzeiger, 17.03.2006

aus HORIZONT 41 vom 13.10.2005 Seite 097

(6) O.V., Abo-Karte bringt gutes Geld, MZ-Verlagsleiter Kiegeland: Zeitung zahlt Abonnenten Bonusbeträge auf das Konto, Mitteldeutsche Zeitung, 25.03.2006
aus HORIZONT 41 vom 13.10.2005 Seite 097

(7) O.V., Einfach gut, Eine Karte für Abonnenten, die bares Geld spart, Kölner Stadtanzeiger, 21.03.2006
aus HORIZONT 41 vom 13.10.2005 Seite 097

(8) O.V., Rundschau-Abocard ist bares Geld wert, Kölnische Rundschau, 15.03.2006
aus HORIZONT 41 vom 13.10.2005 Seite 097

(9) "Unsere Kundendaten sind sehr sensibel"
aus Darmstädter Echo, 12.11.2005

(10) O.V., Zeitungsgeschichte vom Experten Exklusive Führung für AZ-Gewinner im Museum, Allgemeine Zeitung Mainz, 01.02.2006
aus Darmstädter Echo, 12.11.2005

Impressum

Abocard - Die Kundenkarte der Tageszeitung bringt Bares

Bibliografische Information der deutschen Nationalbibliothek

Die Deutsche Nationalbibliothek verzeichnet diese Publikation in der deutschen Nationalbibliografie; detaillierte bibliografische Daten sind im Internet über http://dnb.d-nb.de abrufbar.

ISBN: 978-3-7379-0726-2

© 2015 GBI-Genios Deutsche Wirtschaftsdatenbank GmbH, Freischützstraße 96, 81927 München, www.genios.de

Alle Rechte vorbehalten. Dieses Werk ist einschließlich aller seiner Teile – z.B. Texte, Tabellen und Grafiken - urheberrechtlich geschützt. Jede Verwertung außerhalb der Grenzen des Urheberrechtsgesetzes bedarf der vorherigen Zustimmung des Verlags. Dies gilt insbesondere auch für auszugsweise Nachdrucke, fotomechanische Vervielfältigungen (Fotokopie/Mikroskopie), Übersetzungen, Auswertungen durch Datenbanken oder ähnliche Einrichtungen und die Einspeicherung und Verarbeitung in elektronischen Systemen.